Plantas a caballo

EDICIÓN PATHFINDER

Por Rebecca L. Johnson

CONTENIDO

Plantas a caballo

La científica Nalini Nadkarni cuelga alto sobre el suelo. La rodean las copas de los árboles del bosque tropical. Las ramas de los árboles están cubiertas por pequeñas plantas.
¿Qué tipo de plantas viven allá arriba?

Plantas aéreas sorprendentes

La mayoría de las plantas crece firmemente arraigada en la tierra. Pero las plantas que crecen sobre estos árboles en los bosques tropicales son **epífitas.** Las epífitas viven sobre otras plantas y las utilizan como soporte. Las epífitas crecen a caballo sobre otras plantas. ¡Y se sostienen de ellas con sus raíces! Debido a que las epífitas no tienen conexión con la tierra, muchos las llaman "plantas aéreas".

La Dra. Nadkarni es experta en epífitas. Ella y otros científicos de las plantas han identificado más de 30.000 tipos de plantas epífitas en todo el mundo. Muchas de estas viven en los bosques tropicales. Muchas crecen en las zonas de niebla y nubosas de las laderas de alta montaña. También hay algunas epífitas que viven en lugares más secos.

A veces encontrarás epífitas que crecen sobre cosas que no están vivas. Por ejemplo rocas, postes de teléfono, ¡e incluso sobre los cables de teléfono!

Consiguiendo lo que se necesita

La mayoría de las plantas obtienen el agua y los **nutrientes** del suelo. Utilizan sus raíces para ello. Las epífitas no tienen suelo para crecer. Entonces, ¿cómo consiguen lo que necesitan?

Las epífitas obtienen el agua del aire que las rodea. Sus raíces y hojas absorben las gotas de lluvia, el rocío y la niebla. Las epífitas obtienen algunos nutrientes del polvo que hay en el agua de lluvia. También pueden obtener los nutrientes de las hojas muertas que quedan atrapadas alrededor de sus raíces. Cuando las hojas se descomponen, liberan nutrientes que las plantas epífitas aprovechan.

Soleado y seguro

Durante períodos de sequía, las epífitas a veces tienen problemas para conseguir el agua y los nutrientes que necesitan. Pero vivir en lo alto tiene su lado positivo. Las epífitas obtienen una gran cantidad de luz solar.

En lo alto. Estos tipos de plantas epífitas crecen en Florida y en los trópicos.

Al vivir allí, las epífitas corren menos peligro de que se las coman. ¿Por qué? Pocos animales que se alimentan de plantas merodean por esas ramas altas. La mayoría vive a nivel del suelo.

4

A caballo. Este árbol en un bosque tropical de Ecuador tiene epífitas que viven pegadas a él.

Flores, semillas y esporas

Muchas epífitas tienen flores grandes de colores brillantes. Para las aves, las abejas y los murciélagos, estas flores son fáciles de ver. Estos animales esparcen el **polen** de flor en flor. Con el polen, las flores producen semillas.

Algunos tipos de epífitas no tienen flores. Generan pequeñas **esporas** en vez de semillas. Las esporas son pequeñas partes de las plantas que crecen para formar plantas nuevas. Solo aquellas plantas que no florecen tienen esporas. Las esporas son similares a las semillas, pero son mucho más pequeñas y menos complejas. Pero para sobrevivir, las semillas y las esporas de las epífitas deben aterrizar sobre las ramas de los árboles.

Es por eso que las epífitas generan muchísimas semillas y esporas. La mayoría cae al suelo y muere. Pero algunas terminan en las ramas de los árboles, donde pueden **germinar** y crecer.

Colgadas de una rama. Este cactus orquídea es una epífita.

5

Te presentamos a las epífitas

¿Estás listo para conocer algunas epífitas? Estos son algunos de los tipos más conocidos. Algunos científicos como la Dra. Nadkarni creen que hay muchas epífitas aún por descubrir.

Musgos

Los musgos son plantas que no florecen. Los musgos producen esporas en pequeñas estructuras ubicadas en las puntas de sus partes verdes.

Algunos musgos pueden cubrir por completo las ramas y los troncos de los árboles.

Helechos

Muchas de las epífitas más comunes en los bosques tropicales son helechos. Algunos helechos tienen hojas grandes con formas extrañas.

Al igual que los musgos, los helechos producen esporas. Las esporas se forman en parches, generalmente en el envés de las hojas. El viento lleva las esporas del helecho a través del bosque. Algunas caen en las ramas o los troncos húmedos de los árboles. Aquí estas esporas pueden germinar y crecer.

Bromelias

Las bromelias tienen hojas que crecen en círculo alrededor de la parte media de la planta. Las hojas pueden ser verdes o tener rayas.

Gran parte de las bromelias ofrece un gran espectáculo al momento de florecer. Un tallo de flor crece desde el centro de la planta. Tiene partes rojas brillante, anaranjadas, rosas o amarillas. Estas partes son hojas. Las flores reales crecen entre ellas.

Higuerones

Los higuerones son epífitas que no se quedan en el aire. La semilla de higuerón germina en la rama alta de un árbol. Las raíces de la planta crecen hacia abajo, hacia el suelo del bosque. Se enrollan alrededor del tronco del árbol en su camino hacia abajo.

Cuando las raíces llegan al suelo, se arraigan a él. Las raíces alrededor del árbol se hacen cada vez más y más grandes. Poco a poco aprietan, o estrangulan, el árbol. Después de que el árbol muere, el higuerón permanece en el lugar donde estaba el árbol.

Orquídeas

Las orquídeas son una de las epífitas más bellas. Las flores de las orquídeas son gruesas y cerosas. Vienen en muchos colores y algunas tienen manchas o rayas.

Las flores de las orquídeas generan las semillas más pequeñas del mundo. ¡Una sola flor de orquídea puede producir más de cuatro millones de semillas!

Estas son algunas de las epífitas más conocidas. ¡De hecho, probablemente ya hayas visto algunas de ellas!

Vocabulario

epífita: planta que vive sobre otra planta a la que utiliza de soporte

espora: estructura pequeña generada por las plantas que no florecen, que puede crecer para formar una nueva planta

germinar: cuando una semilla comienza a crecer

nutrientes: sustancias que un organismo necesita para vivir y crecer

polen: partículas parecidas al polvo, que las flores necesitan para generar semillas

Estanques en las copas de los árboles

Las bromelias son más que epífitas típicas. También juegan un papel importante en el bosque tropical.

Las hojas de algunas bromelias forman una copa, o tanque, en el centro de la planta. Cuando llueve, el agua corre por las hojas y llena el tanque. Una bromelia tanque pequeña puede contener unos cuantos tragos de agua. Algunas realmente grandes pueden contener hasta 18,9 litros (5 galones) de agua de lluvia.

Durante los períodos de sequía, las bromelias viven de esta agua almacenada. El agua ingresa en la planta a través de las hojas que forman el tanque.

El tanque de las bromelias también proporciona agua para los animales del bosque tropical. Muchos organismos diferentes visitan estos tanques ubicados en las copas de los árboles. Los mosquitos y las libélulas ponen sus huevos en los tanques de las bromelias. Los lagartos suben a tomar un sorbo. Las aves se bañan en los tanques. Los monos beben de ellos.

A veces, los excrementos de los animales caen dentro de los tanques de las bromelias. También las hojas muertas. Al descomponerse, estos organismos liberan nutrientes en el agua. Las hojas alrededor del tanque absorben los nutrientes.

Estanque personal. El agua se ha acumulado en esta bromelia tanque y ha formado un estanque.

Un hogar húmedo

En los bosques tropicales de América Central, la rana venenosa fresa también es una visitante habitual de los tanques de las bromelias. Estas ranas no vienen a beber ni a bañarse. Usan los tanques como criaderos.

La rana venenosa fresa hembra pone sus huevos en el suelo húmedo del bosque. En pocos días, los pequeños renacuajos saldrán de los huevos. Los renacuajos se suben apresurados a la espalda de su madre. La rana madre sube a la cima de un árbol donde crecen las bromelias tanque. Allí pone a cada renacuajo en su propio estanque.

Los renacuajos permanecen seguros en sus estanques privados. Pero no hay mucho para comer. La mamá rana viene de tanto en tanto para alimentar a los renacuajos. Pone un tipo especial de huevo en cada estanque. Los renacuajos se comen estos huevos.

Entre seis a ocho semanas después, los renacuajos se habrán convertido en ranas. Salen de sus estanques de bromelias para comenzar la vida en la tierra.

Las bromelias son utilizadas de muchas maneras por los animales del bosque tropical. Sin las bromelias, algunos animales no podrían sobrevivir en su hogar tropical.

Fácil acceso. La mamá rana deja los huevos especiales en el tanque para que el renacuajo los coma.

Renacuajo

¡Súbanse! El renacuajo se confunde con su madre, que lo lleva sobre sus espaldas.

Plantas a caballo

Ahora tendrás la oportunidad de demostrar lo que sabes sobre las epífitas y cómo viven.

1. ¿Qué son las epífitas?

2. ¿Cómo obtienen el agua las epífitas en lo alto de los árboles?

3. ¿Por qué las epífitas generan muchas semillas o esporas?

4. Compara dos tipos de plantas epífitas. ¿En qué se parecen? ¿En qué se diferencian?

5. ¿Cómo utilizan las ranas venenosas fresa las bromelias tanque?